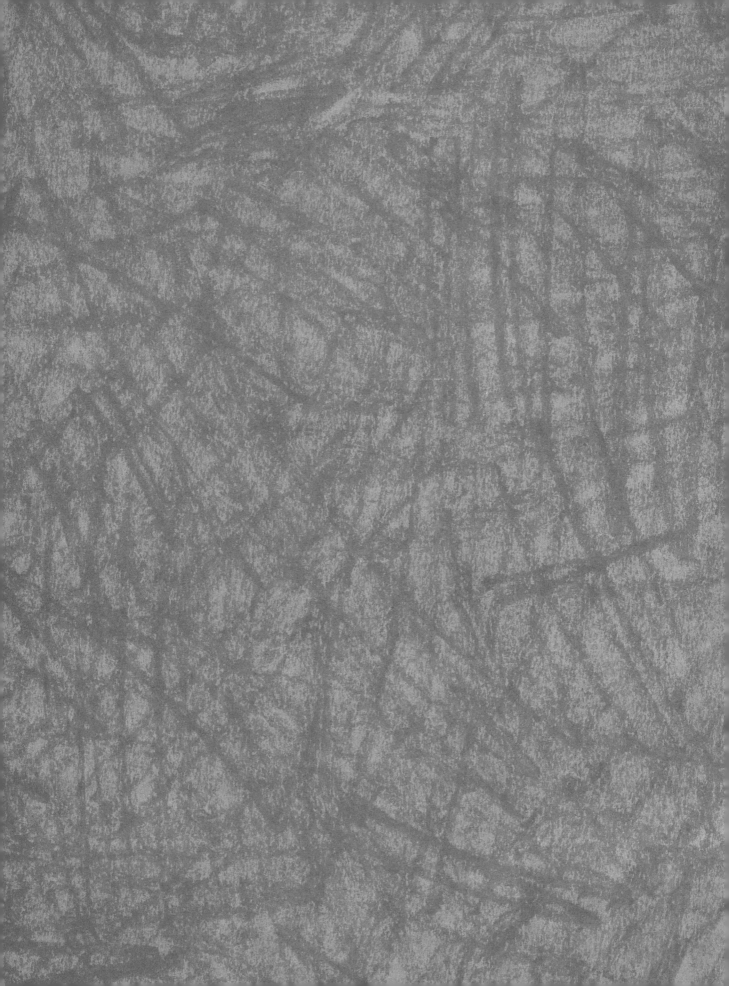

CHIMAMANDA NGOZI ADICHIE

Todos deberíamos ser feministas

Ilustrado por
LEIRE SALABERRIA

*Beascoa

Okoloma era mi mejor amigo. Era gracioso e inteligente y siempre llevaba botas de vaquero. Vivía en la misma calle que yo y me cuidaba como un hermano mayor. Podíamos hablar de cualquier cosa y nos reíamos mucho.

Okoloma fue la primera persona que me llamó «feminista».

Un día, cuando tenía solo catorce años, y discutíamos en su casa sobre los últimos libros que habíamos leído, se calló, me miró fijamente y me dijo:

—¿Sabes que eres una feminista?

En aquel momento yo no sabía lo que significaba exactamente aquella palabra, pero, como no quería que Okoloma se diera cuenta, lo pasé por alto y continué hablando del libro que había leído.

Poco después, me fui a mi casa y lo primero que hice fue buscar aquella palabra en el diccionario.

Ahora demos un salto de varios años.

En 2003, fui a Nigeria a promocionar la novela *La flor púrpura*. Un periodista muy amable me dijo, negando tristemente con la cabeza, que mi novela era feminista y me aconsejó que nunca me presentara como tal porque las feministas son mujeres infelices que no pueden encontrar marido.

A partir de entonces, decidí presentarme como «feminista feliz».

Por la misma época, una académica nigeriana me dijo que el feminismo era antiafricano y que solo me consideraba feminista porque leía libros occidentales.

A partir de entonces, decidí presentarme como **«feminista feliz africana»**.

Luego, una amiga íntima me dijo que ser feminista significaba odiar a los hombres.

A partir de entonces, decidí que iba a ser una «feminista feliz africana que no odia a los hombres».

Incluso llegué a ser una «feminista feliz africana que no odia a los hombres y a quien le gusta llevar pintalabios y tacones altos para sí misma y no para los hombres».

Esto último es broma, pero lo que sí es cierto es que la palabra «feminista» está llena de connotaciones negativas: odias a los hombres, los sujetadores y la cultura africana. Crees que las mujeres deberían mandar siempre, no llevas maquillaje, no te depilas, siempre estás enfadada, no tienes sentido del humor y no usas desodorante.

Cuento ahora una historia de mi infancia.

Al empezar la primaria, la profesora nos puso un examen y nos dijo que quien sacara la nota más alta sería el delegado de la clase.

Ser el delegado de la clase era una misión importante. Apuntabas los nombres de quienes alborotaban y llevabas una vara en la mano mientras recorrías el aula. Aunque, por supuesto, no estaba permitido usarla.

Para una niña de nueve años como yo, era una oportunidad muy emocionante. Yo tenía muchas ganas de ser delegada de la clase. Y saqué la nota más alta del examen.

Y entonces, para mi sorpresa, mi profesora dijo que el delegado tenía que ser un chico. Se le había olvidado aclararlo antes; había dado por sentado que era obvio. La segunda mejor nota del examen la había sacado un niño. Y el monitor sería él.

Lo más interesante es que aquel niño era una criatura dulce y amable que no tenía ningún interés en patrullar la clase con un palo. En cambio, yo me moría de ganas.

Pero yo era mujer y él era hombre, o sea que el monitor de la clase fue él.

Nunca he olvidado aquel incidente.

Si hacemos algo o vemos la misma cosa una y otra vez, acaba siendo normal.

Si solo los chicos llegan a monitores de clase, al final pensaremos, aunque sea de forma inconsciente, que el monitor de la clase tiene que ser un chico.

Si solo vemos a hombres presidiendo empresas, empezará a parecernos «natural» que solo haya hombres presidentes de empresas.

A menudo cometo la equivocación de pensar
que algo que a mí me resulta obvio es igual
de obvio para todo el mundo.

Por ejemplo, cuando mi querido amigo Louis,
un hombre brillante y progresista, me decía:

—No entiendo a qué te refieres cuando dices que las cosas
son distintas y más difíciles para las mujeres. Tal vez lo fueran
en el pasado, pero ahora no. Ahora las mujeres ya lo tienen bien.

Yo no entendía cómo Louis era incapaz de ver
algo que parecía tan evidente.

Me encanta volver a Nigeria y visitar la ciudad más
grande del país, Lagos. Por la tarde, cuando hace menos
calor, me gusta salir a cenar con amigos o familiares.

Como pasa en la mayoría de las ciudades, en Lagos es difícil
encontrar aparcamiento a la hora de la cena. Por este motivo,
algunos jóvenes locales se ganan la vida encontrando sitios
donde aparcar y prometiéndote que van a «cuidar»
tu coche hasta que vuelvas.

Una de esas noches, decidí darle una propina al hombre
que nos encontró sitio para aparcar. Contento y agradecido,
el hombre cogió el dinero que yo le daba, miró a Louis y le dijo:

—¡Gracias, señor!

Louis me miró a mí, sorprendido, y me preguntó:

—¿Por qué me da las gracias a mí? El dinero no se lo he dado yo.

Entonces vi en su cara que lo entendía. El hombre
creía que el dinero que yo le había dado era
de Louis. Porque Louis es hombre.

Hombres y mujeres somos distintos. Tenemos hormonas distintas, órganos sexuales distintos y capacidades biológicas distintas: las mujeres pueden tener bebés y los hombres no. Los hombres tienen más testosterona y por lo general más fuerza física (¡con excepciones, eh!).

La población femenina del mundo es ligeramente mayor y sin embargo la mayoría de los cargos de poder y prestigio están ocupados por hombres.

La premio Nobel keniana Wangari Maathai lo explicaba muy bien diciendo:
—Cuanto más arriba llegas, menos mujeres hay.

Que haya más hombres líderes en el mundo es una situación que podía tener sentido hace mil años, cuando la fuerza era lo más importante para la supervivencia, pero hoy en día vivimos en un mundo muy distinto.

La persona más cualificada para ser líder ya no es la que tiene más fuerza. Es la más inteligente, la que tiene más conocimientos, la más creativa o la más innovadora. Y estas cualidades no tienen nada que ver con las hormonas.

Una mujer puede ser igual de inteligente, innovadora y creativa que un hombre. Hemos evolucionado. En cambio, nuestras ideas sobre el género no han evolucionado mucho.

Aún hoy día, no me dejan entrar sola en muchos clubes y bares de Lagos. Ninguna mujer puede entrar sola; tiene que ir acompañada por un hombre.

Tengo amigos que acaban agarrados del brazo de una completa desconocida porque es una mujer sola que no ha tenido más remedio que pedir «ayuda» para entrar en el club.

Cada vez que voy a un restaurante de Lagos con un hombre, el camarero le da la bienvenida a él y a mí finge que no me ve porque la sociedad les ha enseñado que los hombres son más importantes que las mujeres.

Sé que no lo hacen con mala intención, pero siempre que me pasan por alto, me siento invisible. Me enfado. Me dan ganas de decirles que yo soy igual de humana que el hombre e igual de merecedora de su saludo.

A veces, las cosas más pequeñas son las que más me duelen.

Escribí un artículo sobre estas y otras experiencias como mujer joven en Lagos y un conocido me dijo que era un artículo rabioso y que no debería haberlo escrito con tanta rabia.

Pero yo me reafirmé en mis ideas. Claro que era rabioso. La situación actual en materia de género es muy injusta. Estoy rabiosa. Todos tendríamos que estar rabiosos.

La rabia tiene una larga historia de propiciar cambios positivos. Y además de rabia, también tengo esperanza, porque creo firmemente en la capacidad de los seres humanos para reformularse a sí mismos para mejor.

Intentando entender las palabras de este conocido, me di cuenta de que lo que quería decir es que la rabia es un sentimiento particularmente indeseable en una mujer.

Si eres mujer, no tienes que expresar rabia, porque resulta amenazador.

Una amiga estadounidense se quedó con el trabajo
de un hombre, que era conocido por «duro y ambicioso».

Cuando apenas llevaba unas semanas, mi amiga sancionó a
un empleado por una falta grave y este se quejó a la dirección.
Dijo que era agresiva y que era muy difícil trabajar con ella.
Dijo que él y sus compañeros habían esperado que mi
amiga aportara un «toque femenino» a su tarea.

A ninguno de ellos se le ocurrió que estaba haciendo
lo mismo que su predecesor.

Otra amiga, estadounidense también, me contó que durante
una reunión se sintió menoscabada por su jefe. Este había
pasado por alto sus comentarios y luego había elogiado
otros parecidos pero que venían de un hombre.

Mi amiga tuvo ganas de quejarse y de cuestionar
a su jefe. Pero no lo hizo.

Lo que hizo fue irse al cuarto de baño después de la reunión
y echarse a llorar; a continuación, me llamó para desahogarse.

No había querido quejarse para no parecer agresiva.
Se limitó a dejar que el resentimiento le hirviera por dentro.

Lo que me llamó la atención –de ella y de otras muchas
amigas que tengo– es lo mucho que se esfuerzan por
«caer bien». Parece que han sido criadas para gustar
a los demás y que ese rasgo de «gustar» excluye
el hecho de mostrar rabia, ser agresiva o manifestar
tu desacuerdo en voz demasiado alta.

Pasamos demasiado tiempo enseñando a las niñas a preocuparse por lo que piensen de ellas los chicos. Y, sin embargo, al revés no lo hacemos. No enseñamos a los niños a preocuparse por caer bien.

Pasamos demasiado tiempo diciéndoles a las niñas que no pueden ser rabiosas ni agresivas ni duras, lo cual ya es malo de por sí, pero es que luego nos damos la vuelta y nos dedicamos a elogiar o a justificar a los niños por las mismas razones.

Muchos artículos de revistas y libros les dicen a las mujeres qué tienen que hacer, cómo tienen que ser y cómo no tienen que ser si quieren atraer o complacer a los hombres. Pero hay muchas menos guías para enseñar a los hombres a complacer a las mujeres.

Soy profesora de un curso de escritura en Lagos. En una ocasión, una de mis alumnas, una mujer joven, me contó que una amiga le había aconsejado que no escuchara mis «discursos feministas», porque mis ideas podrían acabar con su matrimonio.

En nuestra sociedad, la amenaza de la destrucción del matrimonio y la posibilidad de no volver a tener otro nunca se tiende a usar mucho más contra una mujer que contra un hombre. El género importa en el mundo entero.

Y hoy me gustaría pedir que empecemos a soñar con un plan para un mundo distinto. **Un mundo más justo.** Un mundo de hombres y mujeres más felices y más honestos consigo mismos. Y esta es la forma de empezar: tenemos que criar a nuestras hijas de otra forma. Y también a nuestros hijos.

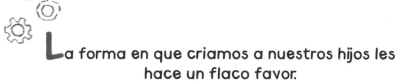

La forma en que criamos a nuestros hijos les hace un flaco favor.

Reprimimos la humanidad de los niños. Definimos la masculinidad de una forma muy estrecha. La masculinidad es una jaula muy pequeña y dura en la que los metemos.

Enseñamos a los niños a tener miedo al miedo, a la debilidad y a la vulnerabilidad. Les enseñamos a ocultar quiénes son realmente, porque tienen que ser, como se dice en Nigeria, **hombres duros**.

En secundaria, si un chico y una chica salen juntos (los dos adolescentes y con poco dinero), es el chico quien tiene que pagar siempre la cuenta, para demostrar su masculinidad.

¿Y si a los chicos y a las chicas no les enseñáramos a vincular masculinidad y dinero? ¿Y si su actitud no fuera «debe pagar el chico», sino más bien «que pague quien más tenga»?

Por supuesto, gracias a su ventaja histórica, hoy en día casi siempre es el hombre el que tiene más. Pero si empezamos a criar de otra manera a nuestros hijos e hijas, dentro de cincuenta o de cien años los chicos dejarán de sentirse presionados para demostrar su masculinidad por medios materiales.

Pero lo peor es que les hacemos sentir que tienen que ser duros, porque, cuanto más lo fomentamos, más debilitamos su ego.

Y luego les hacemos un favor todavía más flaco a las niñas, porque las criamos para que estén al servicio de esos frágiles egos masculinos.

A las niñas les enseñamos a encogerse, a hacerse más pequeñas. A las niñas les decimos:

—Puedes tener ambición, pero no demasiada. Debes intentar tener éxito, pero no demasiado, porque entonces estarás amenazando a los hombres. Si tú eres el sostén económico en tu relación con un hombre, finge que no lo eres, sobre todo en público.

¿Por qué el éxito de una mujer de una amenaza para un hombre? Una amiga me preguntó una vez si me preocupaba pensar que podía intimidar a los hombres.

A mí no me preocupaba en absoluto. De hecho, no me interesa esa clase de hombres.

Aun así, la pregunta me chocó. Como soy mujer, se espera de mí que aspire al matrimonio. El matrimonio puede ser bueno, una fuente de placer, amor y apoyo mutuo. Pero ¿por qué enseñamos a las niñas a aspirar al matrimonio, pero a los niños no?

Conozco a una mujer nigeriana que decidió vender su casa para no intimidar al hombre que quisiera casarse con ella. Y a otra que, como es soltera, lleva anillo de casada para que sus colegas de trabajo, según ella, «la respeten».

Nuestra sociedad enseña a las mujeres solteras de cierta edad a considerar su soltería un gran fracaso personal. En cambio, un hombre de cierta edad que no se ha casado es porque todavía no ha elegido.

Es fácil decir que las mujeres pueden decir que no a todo esto. La realidad, sin embargo, es más difícil y compleja.

Todos somos seres sociales. Todos interiorizamos ideas de nuestra socialización.

Criamos a las mujeres para que se vean las unas a las otras como competidoras, y no por puestos de trabajo ni logros personales, que es algo que en mi opinión podría ser bueno, sino por la atención de los hombres.

Como padres, tratamos el tema de las relaciones de forma diferente con nuestros hijos que con nuestras hijas. Si tenemos hijos, no nos importa saber que tienen novias. Pero ¿que nuestras hijas tengan novios? Dios no lo quiera. (Aunque, por supuesto, esperamos que cuando sea el momento indicado nos traigan a casa al hombre perfecto para casarse con él).

Enseñamos a las chicas a tener vergüenza. «Cierra las piernas». «Tápate». Les hacemos sentir que, por el hecho de nacer mujeres, ya son culpables de algo. Y esas chicas se convierten en mujeres que no pueden decir que experimentan deseo. Que se silencian a sí mismas. Que no pueden decir lo que piensan realmente. Que han convertido el fingimiento en un arte.

El problema del género es que determina cómo tenemos que ser, en vez de reconocer cómo somos realmente. Imagínense lo felices que seríamos, lo libres que seríamos siendo quienes somos en realidad, sin sufrir la carga de las expectativas de género.

Es evidente que chicos y chicas son biológicamente distintos, pero los hábitos sociales aumentan esas diferencias. Por ejemplo, en la cocina.

En general, es más habitual que las mujeres hagan las tareas de la casa: cocinar y limpiar. Pero ¿por qué? ¿Acaso es porque las mujeres nacen con el gen de la cocina, o bien porque han sido educadas para que piensen que su papel es cocinar?

Tal vez las mujeres sí nazcan con el gen de la cocina, pero ¿entonces por qué la mayoría de los «chefs» más famosos del mundo son hombres?

De pequeña solía mirar a mi abuela, una mujer brillante, y me preguntaba qué habría sido de ella si hubiera tenido las mismas oportunidades que un hombre.

Hoy en día, las mujeres tenemos más oportunidades que en la época de mi abuela. Y, sin embargo, nuestra actitud y nuestra mentalidad siguen pesando más.

¿Qué pasaría si, a la hora de criar a nuestros hijos e hijas, no nos centráramos en el género, sino en la capacidad?

¿Y si no nos centráramos en el género, sino en los intereses?

Conozco a una familia con una hija y un hijo, los dos son brillantes en los estudios, pero cuando el chico tiene hambre, los padres le dicen a la chica:

—Ve a prepararle unos fideos a tu hermano.

A la chica no le gusta cocinar, pero es una chica y tiene que hacerlo. ¿Y si desde el primer momento sus padres les hubieran enseñado a los dos a cocinar?

Además, cocinar es una habilidad práctica y útil también para un chico y no hay que dejarlo en manos de otro, hay que valerse por sí mismo.

Conozco a una mujer que tiene los mismos estudios y el mismo trabajo que su marido.

Cuando vuelven los dos del trabajo, ella hace la mayoría de las tareas domésticas, que es algo que pasa en muchos matrimonios, pero lo que me llamó la atención un día fue que cada vez que él cambiaba el pañal del bebé, ella le daba las gracias.

¿Qué pasaría si ella considerara normal y natural que él la ayudara a cuidar del bebé?

La primera vez que impartí una clase de posgrado estaba preocupada. Aunque tenía la clase bien preparada, me preocupaba qué ropa ponerme porque quería que me tomaran en serio.

Era consciente de que, por el hecho de ser mujer, tendría que *demostrar* mi valía. Y me preocupaba el hecho de resultar demasiado femenina. Tenía muchas ganas de ponerme brillo de labios y una falda bonita, pero decidí no hacerlo. Llevé un conjunto muy serio, muy masculino y muy feo.

Muchos pensamos que, cuanto menos femenina se vea una mujer, más probable es que la tomen en serio. Un hombre que va a una reunión de trabajo no se pregunta si lo van a tomar en serio en base a la ropa que lleva puesta, pero una mujer sí.

Desearía no haber llevado aquel traje tan feo aquel día. Si hubiera tenido la confianza que tengo hoy para ser yo misma, mis alumnos se habrían beneficiado todavía más de mis clases. Porque me habría sentido más cómoda y más yo misma de una forma más plena y verdadera.

He decidido no volver a avergonzarme de mi feminidad. Y quiero que me respeten siendo tan femenina como soy. Porque lo merezco.

Soy femenina. Felizmente femenina. Me gustan los tacones altos y probar pintalabios. Es agradable que te hagan cumplidos, tanto los hombres como las mujeres (aunque prefiero los cumplidos que vienen de mujeres elegantes), pero a menudo llevo ropa que a los hombres no les gusta, o no la «entienden». La llevo porque me gusta y porque me siento bien con ella.

La «mirada masculina», a la hora de dar forma a mis decisiones vitales, es bastante anecdótica.

No es fácil hablar sobre género. Es un tema que incomoda y a veces irrita a la gente. Tanto hombres como mujeres se resisten a hablar sobre este tema y suelen restar importancia a los problemas de género.

Porque siempre incomoda pensar en cambiar el estado de las cosas.

Hay gente que pregunta: «¿Por qué usar la palabra "feminista"? ¿Por qué no decir simplemente que crees en los derechos humanos o algo parecido?». Pues porque no sería honesto.

El feminismo forma parte de los derechos humanos en general, pero si solo usamos «derechos humanos» negamos el problema específico y particular del género.

Es una forma de fingir que no han sido las mujeres quienes se han visto excluidas durante siglos.

Es una forma de negar que el problema del género pone a las mujeres en el punto de mira. El problema no era ser humano en general, sino concretamente ser una humana de sexo femenino.

Durante siglos, el mundo dividía a los seres humanos en dos grupos y a continuación procedía a excluir y oprimir a uno de esos grupos.

Es justo que la solución al problema reconozca eso.

Hay hombres que se sienten amenazados por la idea del feminismo. Creo que viene de la inseguridad que les genera la forma en que han sido criados, del hecho de que su autoestima se ve mermada si ellos no tienen «naturalmente» el control en calidad de hombres.

Otros hombres pueden responder diciendo:

—Vale, esto es interesante, pero yo no pienso en términos de género.

Pues quizá no. Y ahí radica parte del problema. En el hecho de que muchos hombres no *piensan* de forma activa en el género.

De que muchos hombres, como me dijo mi amigo Louis, dicen que tal vez las cosas estuvieran mal antes, pero ahora están bien. Si eres hombre y entras en un restaurante y el camarero te saluda solo a ti, ¿acaso se te ocurre preguntarle por qué no la has saludado a ella?

Los hombres tienen que denunciar estas situaciones aparentemente poco importantes.

Hay hombres que aluden a la evolución biológica y los simios, el hecho de que las hembras de los simios se inclinan ante los machos, y cosas parecidas. Pero la cuestión es que no somos simios. Los simios también viven en los árboles y comen lombrices. Nosotros no.

Hay otros que dicen:

—Bueno, los hombres pobres también lo pasan mal.

Y es verdad. Pero esta conversación no trata de eso. El género y la clase social son cosas distintas. Los hombres pobres siguen disfrutando de los privilegios de ser hombres, por mucho que no disfruten de los privilegios de ser ricos.

Una vez estaba hablando de cuestiones de género y un hombre me dijo:

—¿Por qué tienes que hablar como mujer? ¿Por qué no hablas como ser humano?

Por supuesto que soy un ser humano, pero hay cosas concretas que me pasan a mí en el mundo por el hecho de ser mujer. Aquel mismo hombre, por cierto, hablaba a menudo de su experiencia como hombre negro. Y yo tendría que haberle contestado:

—¿Por qué no hablas de tus experiencias como hombre o como ser humano? ¿Por qué como hombre negro?

Así que no, esta conversación trata del género, y no de otras cosas.

Hay quien dice que las mujeres dependen de los hombres porque es nuestra cultura. Pero la cultura nunca para de cambiar.

Tengo unas preciosas sobrinas gemelas de quince años. Si hubieran nacido hace cien años, se las habrían llevado y las habrían matado, porque hace cien años la cultura en la que me he criado, la cultura igbo, creía que los gemelos eran un mal presagio. Hoy en día esa práctica resulta inimaginable para todo el pueblo igbo.

¿Qué sentido tiene la cultura? En última instancia, la cultura tiene como meta asegurar la preservación y la continuidad de un pueblo.

En mi familia, yo soy la hija que más interés tiene por la historia de quiénes somos, por las tierras ancestrales y por nuestra tradición. Mis hermanos no tienen tanto interés en esas cosas. Y, sin embargo, yo estoy excluida de esas cuestiones, porque la cultura igbo privilegia a los hombres y únicamente los miembros masculinos del clan pueden asistir a las reuniones donde se toman las decisiones importantes de la familia.

Así pues, aunque a quien más interesan esas cosas es a mí, yo no tengo voz ni voto. Porque soy mujer.

La cultura no hace a la gente. La gente hace la cultura.

Si es verdad que no forma parte de nuestra cultura el hecho de que las mujeres sean seres humanos de pleno derecho, entonces podemos y debemos cambiar nuestra cultura.

Ahora que ya no está entre nosotros, me acuerdo mucho de mi amigo Okoloma. Y cuánta razón tenía cuando me llamó feminista.

Porque soy feminista.

Cuando busqué la palabra en el diccionario, encontré esta definición:

«Feminista: persona que cree en la igualdad social, política y económica de los sexos».

Por las historias que he oído, mi bisabuela era feminista. Se escapó de la casa del hombre con el que no se quería casar y se casó con el hombre que había elegido ella. Cuando sintió que la estaban despojando de sus tierras y de sus oportunidades por ser mujer, se negó, protestó y denunció la situación.

Mi abuela no conocía la palabra «feminista». Pero eso no quiere decir que no fuera feminista. Mucha más gente tendría que reivindicar esa palabra.

El mejor feminista que conozco es mi hermano Kene, que también es un joven amable, atractivo y muy masculino.

Mi definición de feminista es todo aquel hombre o mujer que dice:

—Sí, hay un problema con la situación de género hoy en día y tenemos que solucionarlo. Tenemos que mejorar las cosas.

Y tenemos que mejorarlas entre todos, hombres y mujeres.

CHIMAMANDA NGOZI ADICHIE

Chimamanda Ngozi Adichie nació en 1977 en Nigeria, África.

A los diecinueve años consiguió una beca para estudiar Comunicación y Ciencias Políticas en Filadelfia. Posteriormente cursó un máster en Escritura Creativa en la Universidad John Hopkins de Baltimore, y actualmente vive entre Nigeria y Estados Unidos.

Además de ser una gran escritora y un referente para toda una generación, Chimamanda se ha convertido a día de hoy en la voz del feminismo y en una defensora de la igualdad y los derechos en todo el mundo.

Chimamanda ha escrito tres novelas: *La flor púrpura*, *Medio sol amarillo* y *Americanah*, ganadoras de muchos premios, y leídas y adoradas por miles de personas.

También ha publicado la colección de relatos *Algo alrededor de tu cuello*, el ensayo *Todos deberíamos ser feministas* y su último manifiesto, *Querida Ijeawele. Cómo educar en el feminismo*.

Todos deberíamos ser feministas
Título original: *We Should All Be Feminists*

Primera edición ilustrada en España: noviembre de 2019
Primera edición ilustrada en México: febrero de 2020

D. R. © 2012, 2014, Chimamanda Ngozi Adichie
D. R. © 2019, Penguin Random House Grupo Editorial, S. A. U.
Travessera de Gràcia 47-49, 08021, Barcelona
D. R. © 2020, derechos de edición mundiales en lengua castellana:
Penguin Random House Grupo Editorial, S. A. de C. V.
Blvd. Miguel de Cervantes Saavedra núm. 301, 1er piso,
colonia Granada, alcaldía Miguel Hidalgo, C. P. 11520,
Ciudad de México

www.megustaleer.mx

D. R. © 2019, Leire Salaberria, por las ilustraciones
D. R. © 2015, Javier Calvo Perales, por la traducción

ISBN: 978-607-318-869-2

Impreso en los talleres de Offset Santiago S.A. de C.V. Ubicados en Parque Industrial Exportec,
Toluca, Estado de México. C.P 50200

Impreso en México – *Printed in Mexico*

El papel utilizado para la impresión de este libro ha sido fabricado a partir de madera
procedente de bosques y plantaciones gestionadas con los más altos estándares ambientales,
garantizando una explotación de los recursos sostenible con el medio ambiente y beneficiosa para las personas.

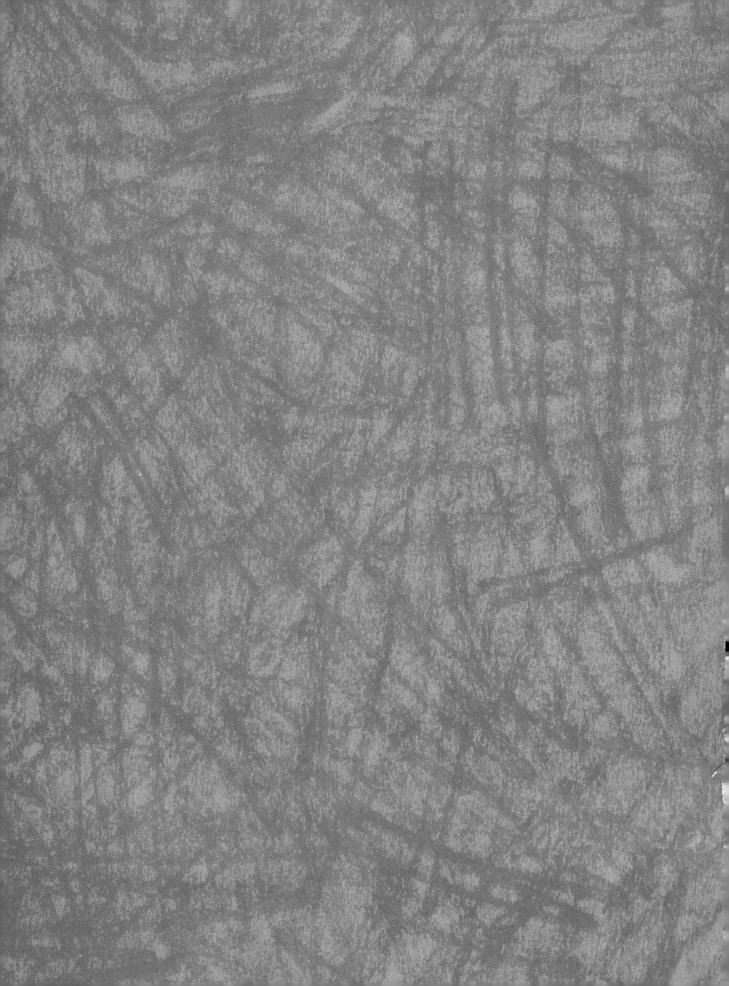